29-5-2016

W0392676

L'art de ne pas être grand-mère

Agathe Natanson

L'art de ne pas être grand-mère

calmann-lévy

© Calmann-Lévy, 2016

Couverture
Maquette : Nicolas Trautmann
Illustration : © Delphine Perret / www.patricia-lucas.com

ISBN 978-2-7021-5898-2

À Philomène et Baptiste
à qui je dois tant et tant de bonheur

« Les grands-mères c'est comme le mimosa, c'est doux et c'est frais, mais c'est fragile. »

Marcel PAGNOL

« Toutes les grandes personnes ont d'abord été des enfants. »

Antoine de SAINT-EXUPÉRY

À moi-même
Acte I

Puisque je suis dans la catégorie « grand-mère », j'écrirai à la main sur du beau papier comme autrefois, na !

Ça ne prévient pas, ça arrive un beau jour, ou peut-être une nuit, dans mon dos, on m'a conçu un enfant.

Moi, je n'avais rien réclamé, je m'appelais Agathe, j'avais 12 ans dans ma tête, un peu plus dans la glace, mais qu'importe, je suis myope et l'image était toujours un peu floue. Je ne jouais plus à la poupée depuis peu, mes enfants étaient grands.

J'étais légère et avec un peu d'imagination, les jours de grand soleil, je me sentais libre et insouciante, jeune fille à nouveau ou presque – mal nulle part et plus d'horaires, bref une nouvelle vie devant moi !

Et là, patatras… C'était au téléphone peut-être, non à la maison, un après-midi d'hiver, on m'annonce : « Ça y est ! Tu vas être grand-mère ! »

Comme le cadeau du siècle !

Mais non, c'est trop tôt, je n'ai rien demandé, maman c'était bien, plus que bien, ça m'allait.

Je me sentais encore assez jeune, assez vive, assez joyeuse pour être mère à plein-temps avec les sorties d'école, les goûters d'anniversaire, les conseils de classe où je serais parent délégué, les fêtes de fin d'année avec le stand bijoux et la chorale des adultes.

J'étais encore dans cette humeur-là, et me voilà promue « grand-mère ».

Bouh, le vilain mot, grand-mère, c'est Mamie Nova, c'est la Mère Denis, mais c'est pas moi. Non, ce n'est pas moi !

Il y a longtemps, un monsieur très macho, très goujat, avait proclamé, en parlant de cet état nouveau qui allait changer son statut social, et à sa femme à lui : « Être grand-père, d'accord, mais coucher avec une grand-mère, quelle horreur ! »

J'ai été blessée pour cette femme, choquée, révoltée et ce nom de grand-mère est pour toujours lié à cette humiliation gratuite et méchante qu'il a distillée en moi – petit venin –, comme à l'école, quand on vous traite de binoclarde ou de grosse, cela ne s'oublie jamais.

Champagne, je vais, donc, être grand-mère.

Bien sûr ma grande (la grande, c'est moi), il y a aussi, je ne le nie pas, quelque chose de joyeux, nouveau, excitant, perturbant, émouvant – non, je corrige, émouvant pas tout de suite, attendons un peu –, c'est l'excitation de l'imprévu, du jamais vécu qui l'emporte.

Et puis, l'enfant va venir, il faut se préparer et c'est très gai : le berceau, les habits si petits, si jolis, le ventre qui s'arrondit, miroir de sa jeunesse – de ma jeunesse –, on oublie que derrière tout cela, il y a la grand-mère qui pointe son nez. On oublie ce nouvel état qu'il faut apprivoiser, pour s'en faire un ami.

Mais où est cet attendrissement, un peu gnangnan, un peu béat, qui devrait être la marque de la situation ?

On vous félicite, mais de quoi ?

On vous fait des sourires complices, presque obscènes, et je me demande pourquoi. Pourquoi ? Je suis un peu perdue, heureuse sûrement, ma fille l'est et cela suffit à me rassurer et à me réjouir.

Mais, j'ai envie de retourner dans le ventre de maman, de ma maman pour y penser au calme, retrouver le berceau réconfortant, je ne veux plus grandir, et être grand-mère, c'est grandir encore plus – j'ai peut-être peur de ne pas y arriver.

Maman aide-moi, je ne suis pas prête, pas tout de suite.

J'étais à Londres, c'était l'heure du déjeuner, le téléphone a sonné, ma petite fille était née.

Mon cœur a battu très fort.

J'ai commandé du champagne rosé.

Voilà, tout va commencer.

Tout peut commencer.

Bien tendrement à toi.

Moi

À moi-même
Acte II

Elle m'appelait Margot Fonteyn quand elle avait 5 ans ; rien que pour cela, je veux bien être sa mémé !

Je pensais être dégagée des obligations familiales, je pensais pouvoir partir en voyage – beaucoup, partout, mais non, je calcule tout en fonction des mercredis danse, des week-ends cirque, des vacances scolaires. On se pensait libre et on se retrouve près du pot à attendre le :

— Tu m'essuies, Agathe ?

— Mais oui, bravo le beau popo !

— Merci Agathe.

Ah oui ! le nom…

Le choix du nom…

Baba, mamie, mamoune, mimiche, nana, toutoune… Et j'en passe.

Pitié !

Agathe, je m'appelle AGATHE.

Je ne veux pas me perdre. J'ai eu déjà du mal à me trouver !

Je suis et je reste Agathe. Alors là, j'ai été très ferme !

C'est facile à comprendre sans décodeur : je suis la maman de maman ou la maman de papa et je m'appelle Agathe même si je suis ta grand-mère !

Tes parents, je les ai élevés.

« Bonjour, bonsoir, ne coupe pas la parole, tu attends. »

J'ai essayé de leur apprendre ce que j'aimerais que tu fasses toi, aujourd'hui.

Ah oui ! j'aimerais une petite carte postale l'été, quand tu patauges chez Mamita, en Normandie, j'aimerais, le dimanche, un petit coup de téléphone.

Je t'ai quittée mercredi, le cœur en bandoulière, et tu me manques !

C'est un peu ingrat d'être grand-mère, on est là, puis plus là, et on tombe aux oubliettes.

Et ma sensibilité, dans tout cela, le manque, le besoin de ces sourires, de ces si jolis sourires.

Et ce petit visage tout beau, ces babillements, ces conversations qui deviennent de plus en plus sensées...

Tout cela n'est pas à ma demande !

Cet enfant que j'aime tant, non pas à cause de la filiation, mais par la magie d'une rencontre tout simplement, un petit être qui n'est pas un doudou doux mais un petit être choisi par mon cœur et mon âme ;

pour son intelligence, sa grâce, sa dureté, sa malice et sa personnalité.

Fidèlement,

Agathe.

De Madeleine à ~~sa grand-mère~~ Agathe

Bon, oui j'ai bien compris Agathe, toi, tu ne veux pas être une dame, tu veux rester une petite fille comme moi. C'est pour ça qu'on s'entend bien et que même tu es un peu ma copine, quand on se prête nos Lego friends.

À la sortie de l'école, je vois bien que tu n'es pas tout à fait comme les autres grands-mères, et quand tu parles aux autres dames qui attendent l'heure de la sortie, c'est avec les mamans que tu ris, pas avec les mémés.

Moi, je t'aime comme ça, et puis tu as bien le droit de mettre des socquettes et des barrettes dans tes cheveux mal coiffés, moi ça ne me dérange pas, tu es à l'heure, tu as mon goûter, tu souris et on s'amuse bien.

Tu es ma grand-mère, moi je t'appelle Agathe, on va au jardin du Luxembourg, au cinéma, au McDo, donc c'est tout comme j'aime.

Dans ta voiture, j'ai collé mes autocollants de princesses, et il y a une vraie bibliothèque, des feutres et des feuilles blanches, c'est tout comme j'aime.

Allez Agathe, tu viens, on joue !

P.-S. : Quand je te demande ton âge, tu dis toujours que tu as 10 ans, je sais pourquoi, tu ne veux pas vieillir, mais t'en fais pas, Agathe, tu n'es pas vieille.

À la « pas contente de moi »

Je me remets en question.

Sérieusement, d'où vient ce rejet du mot « grand-mère » ?

Mon enfance, sans doute, puisque j'en ai été privée. Les références sont absentes et le merveilleux n'est pas au rendez-vous.

Ma mère était orpheline, mon père, Roumain exilé, avait laissé dans les Carpates un embryon de famille recomposée. Ni l'un ni l'autre ne parlaient jamais de leur enfance, de leurs souvenirs ou de leur famille.

Je suis donc une page vierge et l'esprit de transmission n'est pas là !

Je suis vide de passé et tout est toujours pour moi dans le présent ou l'avenir. Alors l'avenir couleur gris grand-mère ne me réjouit pas trop. Tant pis, ce n'est pas si grave, le bonheur est dans les petits riens quotidiens de mon univers.

Maintenant, la joie et l'envie de vivre ont deux prénoms jolis et la beauté de deux visages aimés.

J'attends ceux à venir, et je ne me sens toujours pas grand-mère !

Je me sens aimante, aimée. C'est bien aussi.
Le reste, c'est comme la foi peut-être.
« Ça ne prévient pas, ça arrive. »
Wait and see.

Gran-Ma

À Madeleine

C'est la lettre la plus importante, je la voudrais unique, bouleversante, pleine de ce moi profond que seul l'amour peut dicter.

Parce que c'était Toi, parce que c'était Moi.

En écrivant ces mots, mon cœur s'emballe déjà.

Tu as changé le cours du ruisseau.

Tu as apporté une dimension différente dans ma vie.

Tu es la guirlande lumineuse de mon quotidien : la tour Eiffel illuminée vingt-quatre heures sur vingt-quatre.

Tu es mon Cervin plein de neige.

Tu es tout ce qui rend ma vie magnifique.

Ton frère est venu un peu plus tard pour confirmer ce feu d'artifice de l'amour, le plus pur, le plus doux, mon dernier amour peut-être, sûrement même.

Vous êtes tous les deux une grosse boîte de chocolats dont je ne me lasse pas.

J'y reviens sans cesse, gourmande, jamais coupable.

J'y reviens et j'ai l'impression d'avoir des rollers aux pieds et des ailes dans le dos.

Grâce à vous, je suis une fée, une princesse, le Père Noël et la reine d'Angleterre le jour de son jubilé.

Merci, merci.

P.-S. : Vous me donnez l'envie d'être centenaire et de vous voir grandir encore et encore.

Préparez-moi un bel anniversaire !

Ballons, bougies, confettis, je vous aime à n'en plus finir.

À tous les petits bonheurs

Les mots gentils, les sourires joyeux, la petite main dans la mienne, le cadeau acheté au vide-greniers un dimanche pluvieux et offert avec tant de grâce le mercredi suivant ; poupée blonde frisée et *Horse Guard* à bonnet à poils ; à moi qui aime tant Londres et Buckingham Palace !

Les « J'ai joué avec Agathe »

Les « T'es trop jeune pour être grand-mère »

Les « Avec Agathe, on fait du ski »

Et puis, les moments privilégiés au cinéma, au théâtre, à l'opéra avec macarons à l'entracte.

Oui, ce sont les moments rares, uniques, inespérés, imprévus qui me font un jour, une semaine, un mois, une vie de grand-mère heureuse.

Happy Granny.

J'y suis, j'y reste.

À ma fille chérie

Je suis, je le sais, je le sens, une énigme pour toi quand je marque un peu de rébellion à être appelée grand-mère.

Oui, peut-être que tu n'avais jamais soupçonné en moi cette envie de rester jeune, maman, femme.

Comment voit-on sa mère quand on a 20 ans, 30 ans, 40 ans ? (la mienne est partie si jeune). Quels projets lui prête-t-on ? Quel avenir ?

D'où ta surprise, sans doute. Et pourtant, ma chérie, quel bonheur tu m'as offert avec cette cour de récréation qui s'est installée joyeusement dans ma maison.

Si j'ai pu balbutier ce petit recueil, c'est grâce à toi, grâce à eux.

Merci ma chérie.

Un jour toi aussi, je te le souhaite, tu seras grand-mère et je voudrais te laisser en héritage ce que tes enfants m'ont appris : la patience, l'écoute, l'indulgence et la bienveillance.

Je voudrais te laisser en héritage mes poupées Barbie même si elles n'ont plus qu'un bras et une seule chaussure aux pieds.

Je voudrais te laisser une de ces petites boîtes que j'affectionne tant, pleine de ces doux souvenirs. Ces mercredis de fête, ces vacances insouciantes et légères, cette enfance qui m'habite grâce à eux. Tu déferas le ruban écossais et tu trouveras bien rangé tout le bonheur que j'ai vécu grâce à toi, grâce à eux.

Merci, merci.

Et quand tu seras au square, tu ne seras pas seule sur ton banc, je serai là, près de toi, invisible mais présente, toujours là. Pour toi, pour eux, avec la même tendresse.

Ma-mie-maman.

Ta maman

À la mamie que je ne veux pas être !

Ah oui, il faut que vous dise, j'en ai deux maintenant.

Robinson nous a rejoints dans la cour de récréation, c'est mieux pour jouer à cache-cache ou à saute-mouton.

Bien sûr que je suis heureuse, comblée, fière même de ces deux petits-enfants.

Tous mes gestes enfantins le prouvent.

Mais vraiment, les premiers mois, les areu-areu, les guilis, les couches, les chatouillis qui provoquent les sourires édentés dont on se réjouit, attendrie comme un vieux loukoum : « C'est fou ! il me reconnaît et il m'aime déjà ! »

Après, il y a le passage incontournable où il se tortille sur vos genoux, joue avec vos lunettes (forcément, passé 50 ans, on a des lunettes !), avec vos clefs, vos bracelets, vos cheveux ; on les garde et on s'ennuie à ne rien pouvoir faire d'autre – au square, à la maison, chez eux, on est pris en otage par un tyran domestique de 75 centimètres de haut !

On vous appelle mamie à tout bout de champ.

C'est vous la grand-mère ?

Oui, c'est moi ; mais s'il vous plaît, oubliez-moi ! Je n'aime pas les mamies, je les trouve en général grises, maussades, ennuyeuses. Elles me dépriment.

Je les voudrais joyeuses, enfantines, joueuses.

Un mélange de Mary Poppins et de la Fée Clochette me plairait bien.

Je cherche la grand-mère idéale qui serait ma copine de jeux à moi aussi !

À deux, c'est mieux.

Sans rancune les mémés.

Lettre pleine de projets

Il y a les projets.

Quand on pourra, on ira au théâtre, voir tous les classiques, on remettra les pas dans les pas à la Comédie-Française.

Forcément, je vous ferai découvrir et aimer ce qui a fait ma vie, mes passions, mes choix, mes rêves. Après, vous ferez le tri, dans ce grand panier de souvenirs et de propositions. La danse, le cirque, les pères Noël que j'adore et mes chaussons roses en satin usés.

On ira à Londres, comme j'y ai emmené vos parents, à Rome, puis on prendra la voiture pour aller sur les plages basques en écoutant du rock et des chansons populaires.

Ce sera gai, on refera le chemin enchanté de l'enfance de papa-maman, en racontant les anecdotes des années 80, et j'aurai 30 ans à nouveau, en entendant vos rires ou en poussant le Caddy au supermarché.

Retrouver tous ces gestes quotidiens, petites madeleines dorées de mon souvenir.

C'est aussi ça, le bonheur joyeux, découvert avec ce nouveau job : grand-mère.

Oui, j'aime !

Je n'avais pas bien compris toutes les portes qui s'ouvriraient poussées par vos petites mains impatientes.

Je n'avais pas vu, bêtement, le bon côté de la chose.

Tout est là – intact.

Et j'ai la vie devant moi…

Allez ! Agathe, on part ?

À ma maman

Maman, ma maman, mon aimée, toi, si absente, si présente, toi qui as été grand-mère si peu de temps, si joyeusement – pourtant la maladie perturbait déjà ton raisonnement et tu étais un joyeux chaos qui amusait ma fille.

Vache qui rit à gogo et sorties dans la rue en pyjama sont pour elle les merveilleux souvenirs qu'elle gardera de toi !

Toi non plus, tu n'étais pas en attente de grand-matriarcat.

Tu étais jeune et ton rôle de mère, tu l'avais joué avec césars et oscars décernés à l'unanimité.

Tu n'avais plus rien à prouver.

Tes adieux ont été trop précoces, j'aurais aimé voir ton sourire d'arrière-grand-mère.

Merci maman pour la mère que tu as été et merci pour la grand-mère, étoile filante, que tu as ébauchée. Tu aurais été drôle, originale, poétique, inattendue, légère comme tu l'étais quand nous partions sur la nationale 6 dans la 2 CV décapotée.

Je pense à toi si souvent et je cherche en ton souvenir la promesse de celle que tu aurais été.

Tu me vois de là-haut.

Tu dois bien t'amuser et te réjouir de me voir rouler vers le bonheur tous les mercredis.

Ta toujours toute petite fille,

Moi

Aux grands-mères que je n'ai pas connues

Je n'ai pas eu de grand-mère !

Zéro maman de maman ou maman de papa.

C'est une espèce inconnue de moi ; petite, il n'y avait que papa, maman, ma sœur et moi. C'était ça, la famille.

Je n'ai donc aucun modèle, aucun repère ; le vide, à part la grand-mère du Petit Chaperon rouge qui n'est pas une intime, je ne sais pas qui imiter ni comment faire.

Petite fille, je regardais les princesses animées et je jouais à en être une. Je langeais mes poupées et je jouais à la maman. Je voulais faire comme si… on dirait que je suis… on joue à…

Mais là, je ne sais pas, moi ! C'est quoi, une grand-mère ?

Celle qui dit « fais pas ci, fais pas ça » ?

Celle qui vient tous les mercredis à la sortie de l'école, un peu grise, un peu vieille, un peu rabat-joie ?

Ou celle toute pimpante avec ses cheveux coupés court, la baba cool, intermittente du spectacle qui descend tout droit du quartier des Abbesses ?

C'est pas moi ! Je ne me reconnais pas. Au secours. Où suis-je ?

Margot Fonteyn… Mon Prince…

Aidez-moi ! Madeleine, aide-moi à grandir en mémé.

Si je me présente en héroïne de roman, on va se moquer de nous et tu vas être gênée. Mamy, ça ne va pas, alors quoi ? Rien ?

Je ne suis rien dans la hiérarchie des souvenirs ; une boule d'amour sans étiquette et sans pedigree.

Comment vieillir ? je n'ai pas le mode d'emploi. Encore moins de références ! Je suis toute petite, un peu perdue, dans ce monde d'adultes.

Il y a des messieurs de 80 ans qui parlent encore de leur grand-mère avec des trémolos dans la voix.

Alors à toutes les grands-mères que je n'ai pas eues,

À toutes les grands-mères inoubliables, admirables-admirées, je demande de l'aide !

Il y a non-assistance à personne en danger, dans ce monde de bisounours qui me lâche !

HELP !

À mon amie Françoise

Toi qui m'as connue, jeune maman, à la sortie de la maternelle, toi qui m'as connue enceinte, jeune et jolie, peut-être ! Comment me vois-tu, aujourd'hui, dans mon nouvel état, dans cette promotion, dans mon nouveau rôle ? Suis-je la même ?

Peut-être.

Pour moi, tu n'as pas changé, et sans que tu t'en doutes, je copie un peu sur toi ! Le petit carnet aux bons points, le chou-fleur aux œufs mollets.

Bien sûr, que je suis heureuse, mais je n'arrive pas à plonger dans cette béatitude ni dans l'extase qui s'exprime dans : « Il est chou », « il est si drôle », « à trois mois, il comprend tout », « il est tellement éveillé, vif, intelligent »…

Je reste sur le bord du chemin, spectatrice de cette course vers un idéal où tout est convenu, accepté, normalisé, mémé-bébé.

Pourquoi ?

C'est comme la foi ; je la cherche encore…

Peut-être qu'à mon dixième petit-fils, je serai prête, enfin, à gâtifier !

Toi surtout, ne change rien !

À la mamie du square

On s'assied l'une à côté de l'autre – différentes, étrangères –, cheveux blancs, cheveux roux, qu'importe, on a les mêmes conversations, les mêmes regards aux aguets entre le toboggan et les bosquets interdits, la même bouteille d'eau, le même paquet de gâteaux, la même compote à téter !

On les garde et on s'embête !

— Vous êtes la mamie ?

— Oui… mais j'aimerais bien jouer à être la maman !

À toi, Jessica, qui m'a poussée à écrire ces lettres

Un jour, je serai peut-être la grand-mère d'un enfant de toi et de lui, mon fils.

Qu'attendras-tu de moi ?

Tu m'as vue à l'œuvre, tu pourras donc apporter les corrections à mes devoirs de vacances – doucement, je suis fragile !

Tu pourras faire la liste des « ça oui ! ça non ! ».

Ta maman est à Paris, jeune, on se partagera donc les biberons, les couches, les promenades, les nuits sans sommeil et les premières dents quand nous serons de garde.

Nous serons complices, mais toi, comment distribueras-tu ces moments de bonheur ?

Pour rire, je dis parfois, que vous aurez des jumeaux, pas si bête !

Chacune son baigneur !

Tu me le prêteras, dis, ton bébé ?

Je l'aime déjà !

À Madame de Sévigné

Et puis, on se prend au jeu de l'écriture, on y prend goût, on s'y complaît un peu et me voilà, votre disciple malgré moi.

Si je n'avais pas été grand-mère, jamais je n'aurais osé vous écrire, chère Marquise.

Mais vous aussi aviez une fille, vous aussi avez été aïeule, c'est ainsi qu'on parlait dans vos châteaux, vous aussi avez écrit sans doute et tellement joliment à vos petits-enfants. Que je les envie d'avoir eu pour eux, tout seuls, cette prose divine, légère, adorable qui est la vôtre. Quelle chance !

Chère Marquise,

Donnez-moi quelques conseils, quelques lignes de conduite pour réussir dans l'écriture ce que mon cœur me dicte.

Vous savez, cette émotion, cette palpitation de tout mon être devant la fragilité et la force de ces petits-enfants qui sont venus dans mon univers comme des elfes, comme des anges, comme des démons.

Apprenez-moi les mots qui sauront bien dire l'amour, la tendresse, l'extraordinaire de ces moments qui n'ont rien à voir avec le monde ordinaire dans lequel j'avais su trouver le langage du quotidien.

Aidez-moi à leur dire avec votre si belle langue, combien je suis, malgré mes réticences anciennes, heureuse, heureuse, heureuse d'eux, par eux, pour eux.

Chère Marquise,

Prenons rendez-vous pour quelques leçons à Grignan ou ailleurs…

Mais surtout,

Ne m'oubliez pas, j'ai bien besoin de vous !

À vous, les grands-mères
qu'ils ont tant aimées

Ma grand-mère, si tu savais combien tu as été importante dans ma vie, combien tu me manques encore et encore, aujourd'hui.

J'ai 35 ans et mes plus jolis souvenirs d'enfance portent ton nom, ton visage, ton sourire.

J'ai 50 ans, et tu es, toi, trop tôt partie : l'image, la carte postale enchantée de mes 7 ans, mes 10 ans, mon enfance.

Tu représentais la liberté, la joie, le bonheur joyeux des vacances sans interdits.

Le soleil, la mer, les bonbons collés au fond du sac, caramels fondus, sucettes trop sucrées.

Tu étais la complice de ces moments entre parenthèses qui parfois jalonnent tendrement la vie d'un enfant.

Ton credo : me faire plaisir, les petits plats, les glaces, les câlins, ces si doux câlins.

Oui, tu étais mon univers, ma terre, mon refuge.

C'est un hymne à l'amour que je t'adresse.

J'ai eu, moi qui ai bientôt 85 ans… le bonheur de t'avoir connue et d'avoir été aimée de toi – tant aimée de toi.

Tu m'as aidée, tu m'as construite.

Tu as été ma maison, mon église.

Toi, grand-mère, ma Grand-Mère, éternellement.

À la grand-mère que je n'ai pas connue

Et toi, ma « mémé » que je n'ai pas eu le bonheur (peut-être) de connaître, aurais-tu senti la rose ou ce divin parfum un peu désuet de la poudre de riz ?

Aurais-tu aimé me prendre dans tes bras et aurais-je aimé m'y blottir ?

J'étais déjà si gâtée par l'amour de ma jolie maman !

Aurais-je eu besoin de plus ?

Aurais-je partagé des fous rires, des bêtises avec toi ?

J'ai du mal à imaginer une histoire d'amour entre nous puisque tu ne m'as jamais manqué.

Aurais-je eu des petites madeleines à ranger avec mes autres souvenirs d'enfant ?

Ma grand-mère, c'est un petit point d'interrogation dans ma vie de femme.

Un vide ? Non !

Un manque ? Non !

Alors pour vous, petits-enfants, j'invente un personnage que je voudrais bien écrit, dans un conte sans ogre et sans méchant loup !

Sans grand-mère, je suis comme un village sans clocher et je n'en souffre pas.

Mes souvenirs tendres sont ailleurs heureux et l'absence n'a pas de résonance en moi.

So long, mémé, dans une autre vie, peut-être, nous retrouverons-nous tardivement.

Merci maman, tu m'as rendue si heureuse que je n'ai manqué de rien, même pas d'une grand-mère !

À Robinson

À cause, non, grâce à toi, je suis maintenant doublement grand-mère !

Et tu sais, je m'en réjouis.

Tu combles, à ton tour, mes pensées, mes désirs.

Je suis Kangourou et vous êtes dans ma poche de devant.

Je suis Koala et vous êtes sur mon dos.

Ce n'est plus un acte forcé, c'est une révélation, une évidence.

Ta sœur a tracé la voie pour que tu trouves, sans peine, le chemin de notre royaume.

À nous trois, nous formons une vraie colonie de vacances.

J'arrive presque à dire : « Bonjour, je suis la grand-mère de Robinson ! »

Et je ne faiblis pas.

J'en suis fière et ce joli progrès, je te le dois.

Merci !

Tu viens, Robinson, on joue ?

P.-S. : Un jour, tu partais en week-end avec tes parents et tout penaud, tu leur as dit : « Oh ! On a oublié Agathe ! »

Quelle jolie récompense. Tu pensais donc à moi pour vouloir partager ce moment de plaisir et de joie !

À la grand-mère accompagnatrice

Chauffeur, ça fait aussi partie du job !

Le mercredi c'est le jour de la danse.

J'avais, ces dernières années, le choix entre les putes du bar de l'hôtel Georges-V ou le café à 5 euros du Café de l'Alma.

C'était très instructif !

Maintenant le conservatoire est à la Goutte-d'Or, à Barbès ; je reste dans ma smart cabossée, les cafés du coin semblent exclusivement réservés aux hommes !

Je voyage entre Tunis et Rabat, les souks en moins !

J'ai les odeurs épicées du marché de Barbès, c'est bien aussi.

On peut jouer au Monopoly en suivant les goûters d'enfants aux quatre coins de Paris.

Les grands-mères du XVIIIe et les grands-mères du Luxembourg ne se ressemblent pas vraiment. Les accompagnatrices des futures danseuses ne sont pas les mêmes au conservatoire de Barbès et dans le très chic cours du VIIIe arrondissement.

Études de mœurs, études de caractères, on y apprend beaucoup !

Il y a les mamans baba cool, chaussettes colorées et sabots suédois, entre les Abbesses et la Cité Véron à Montmartre, et les nounous philippines et russes, sur l'avenue Georges-V.

Les bien élevées et les Mme Sans-Gêne.

Il y a un melting-pot parisien qui dépayse agréablement, il y a aussi les rencontres imprévues, amicales, qu'on n'attendait pas et qui deviennent les incontournables agréables du mercredi. Les nouvelles jeunes amies qui vous accueillent gaiement pour un café quand les petites-filles dansent ou jouent à la Barbie.

C'est gai, c'est vivant, c'est charmant.

J'adore le mercredi, moi aussi.

C'est un peu la fête.

C'est un jour rien qu'à nous !

J'aime bien être le chauffeur, on parle avec ses petits passagers, l'endroit est clos et intime et les langues se délient.

Moi devant, eux derrière au milieu d'une bibliothèque ambulante.

C'est gai, c'est notre petit moment à nous et j'y tiens.

J'ai 12 points sur mon permis. Douze bonnes notes pour rouler pour vous !

« Je suis très en colère »

Hier, pour la première fois, je n'ai pas pu venir au rendez-vous.

J'étais clouée au lit, inapte, handicapée, absente de ton mercredi plaisir.

Que je me sens mal d'avoir abandonné mon poste, de t'avoir abandonnée.

Que je me sens mal d'être à la niche, moi qui me plais tant à être ton chien de meute pour entraîner le traîneau de la mère Noël.

Je rage, j'enrage, tu me manques et je pourrais pleurer sous la couette d'être victime de ce dos, ce « plein le dos ».

Pour la première fois, j'ai peur que notre aventure s'arrête un jour.

J'en prends conscience et je suis triste.

Je veux te voir grandir.

Je veux te connaître encore et encore !

Je refuse cette démission que mon corps m'impose.

Où est-il mon petit cheval blanc, tous derrière, tous derrière et moi ?

Plus devant.

À la grand-mère idéale

Chère rivale,

Comment vous ressembler, comment devenir la mamie idéale ?

Celle qui, dès les premiers mois *in vitro*, dès les premiers vagissements, dès les premiers areu, dès les premiers sourires édentés est en état d'angélisation béate.

Celle qui interprète tout, les bavouillis, les tortillis, les gaz, les cris, les pleurs, les rots.

Celle qui comprend tout et qui le vit, sourire béat, gnangnan.

Pourtant, tout à coup, cette impudeur du sentiment me gêne un peu.

Je trouve cet abandon un peu obscène et cette dame-amie que j'ai connue, réservée, un peu coincée, a soudainement une liberté d'expression nouvelle qui efface le personnage tout en retenue que je connaissais d'elle.

Oui, cela me laisse un peu distante et surprise par cet abandon.

Pourtant, je suis émue aussi, devant le nouveau-né, avec les grands classiques du genre :

Les petits pieds !

Les petites mains !

Oh, elle me reconnaît ! (elle a 15 jours, mais j'y crois dur comme fer !)

Oh, le joli caca ! Oh, le joli rototo !

De grâce, pourquoi tout commenter dans un état d'extase quasi religieux !

Je me perds dans ces grands ébats !

J'aime le tête-à-tête solitaire, l'enfant calé dans mes bras, l'odeur du bébé, rien que pour moi, sa peau si douce contre la mienne, la respiration si ténue, si légère qu'elle fait battre mon cœur plus vite de peur, d'amour, de crainte.

Oui, j'aime aussi les couches, cette odeur de lait caillé, ces petits plis si doux, si tendres.

J'aime le bébé mais c'est secret, intime, pudique.

J'aime être la dépositaire discrète du secret de notre relation naissante, c'est une affaire entre lui et moi, je n'aime pas trop le show bébé-mémé-pipi-caca-dodo !

Pourtant, ma voisine à la campagne, grand-mère à 40 ans, m'a bien dit, heureuse, ravie : « Entre mamies, on se comprend ! »

Non, moi, je ne comprends pas les autres « mamies ».

J'ai souri, j'ai ri un peu jaune et… je me suis sentie très seule !

Moi, j'ai 7 ans et mes poupées, je n'aime pas les partager.

Na !

J'ai mon petit journal intime et j'y consigne notre histoire d'amour, à toi et moi.

Toi, petite fille qui me plaît si fort,

Toi, petit garçon qui me prend le cœur,

Vous êtes mes héros, et la pièce, on peut la jouer tous les trois, sans public.

Rideau.

Ode bienveillante aux mémés

Il y a les mémés toutes grises, cheveux, manteaux, sacs et chaussures.

Il y a les mémés années 70, pulls jacquard et jeans taille haute.

Il y a les mémés raisonnables qui ont lâché la cigarette et qui crapotent gaiement à la sortie de l'école.

Il y a les mémés toutes ridées et qui s'en moquent.

Il y a les mémés liftées et qui assument.

Il y a celles toutes pimpantes avec ou sans lunettes.

Il y a même des mémés tatouées. Si, si j'en ai vu, tatouées !

Il y a la mémé bobo, la mémé Larzac, la mémé très chic dans le VIe arrondissement et la mémé sac Hermès dans les jardins du XVIe.

Elles sont toutes différentes mais elles ont toutes un même regard, un regard tendre, un regard presque animal pour guetter, surveiller et aimer ce qu'elles ont toutes en partage, un petit-fils, une petite-fille.

La petite progéniture des mémés, c'est sacré.

Alors, à toutes les mémés d'ici et d'ailleurs, je dis :

Bravo !

Être mémé, c'est être à part et je trouve cela très beau ! C'est un aparté de l'amour.

Bravo !

Lettre triste-triste à ma fille

Avec toi ma fille, ces week-ends pluvieux à la campagne propices à refaire le monde, devant le feu de cheminée et à éclaircir les points d'ombre de nos vies.

Ma fille chérie, trop jeune, tu as du mal, je le sens, à comprendre l'état de doute qui a été le mien. Cette fragilité qui me bouleverse.

Tu me redis – et toc – que ce prénom d'Agathe n'est pas idéal, pas forcément adéquat ! Grand-mère je suis, grand-mère on doit m'étiqueter : les copines, le psy, les journaux féminins.

Tout ce petit monde est d'accord.

Grand-mère, c'est un diminutif, un balbutiement, mais ce n'est pas un prénom usuel !

Et grand-mère, quand elle ramène, dépose, embrasse à la va-vite l'enfant materné par ses soins le mercredi, le week-end, les demi-vacances… c'est quoi ?

Un livreur d'enfant ? une mémé dépossédée, libérée ?

Non, c'est une Agathe triste. C'est tout.

C'est moi, pas la grand-mère ! C'est Moi et moi et moi.

Sous aucun prétexte, je ne veux,
Devant toi surexposer mes yeux,
Derrière un Kleenex, je saurai mieux,
Comment te dire adieu !

Merci Françoise Hardy, c'est la chanson de mes 20 ans.

Aux livreurs de pizzas

Je souffre pour vous, petits livreurs de pizzas. Maintenant, je comprends mieux votre vie !

On transporte le bon plat goûteux pour le client, on se gare, on sonne, on vous prend la jolie boîte carrée presque fumante, encore tiède en tout cas ; un petit pourboire ou pas. Au revoir et merci au pizzaïolo de la nuit !

La grand-mère du mercredi, c'est un peu pareil.

Elle livre l'enfant un peu fatigué, sali par les jeux du square, poisseux de trop de sucreries interdites, glace, bonbons et barbe à papa.

— Merci Agathe, ça s'est bien passé ?

— Oui, très bien.

— Alors, vite les enfants, au bain, à table.

Un petit baiser, mal donné, mal reçu.

Et on se retrouve dans l'escalier !

Livreur de pizza, livreur d'enfant, même combat.

Jeunesse et scooter en moins !

Aux petites joies

Entendre vos petites respirations ténues dans vos lits de bébé, puis dans ma chambre qui est devenue la vôtre.

Vous regarder dormir en pyjama rose et bleu, le pouce au bord des lèvres, est le meilleur des antidépresseurs.

Entendre vos rires quand vous faites des bateaux avec la couette, sécher vos larmes de crocodile ou apaiser vos vrais chagrins, vous raconter l'enfance et les bêtises de vos parents, enjoliver un peu le souvenir des années effacées de leurs premiers pas, remplir le réfrigérateur avec toute la joie de choisir ce qui va vous faire plaisir – les compotes, les yaourts, les nuggets bien chimiques même si on les prend bio – ne pas oublier la petite veilleuse lapin carotte ou le vieux doudou de leur mère.

Retrouver tout ce qui fait la vie belle, penser à vous, penser à vous, penser à vous et… terminer par un gros cœur.

Les dix commandements
de la grand-mère parfaite

Savoir que le silence est d'or.

Être toujours prête. Grand-mère toujours !

Oublier le mot « jugement ».

Ne jamais s'immiscer dans l'organisation papa-maman-enfants.

Respecter les diktats, brossage de dents et port de chaussons.

Zéro réflexion même bienveillante sur le petit pied qui tourne un peu en dedans ou le zozotement adorable mais tenace.

Être toujours souriante, neutre et d'accord.

Ne pas être jalouse de l'autre grand-mère même si elle a un chien et une piscine dans son jardin.

Résister coûte que coûte au « moi à ta place… »

Dernier commandement, à appliquer sans restriction : aimer, aimer, aimer.

À Arnaud

Et toi, qui es le père de ces petits acteurs de ma vie parallèle, comment me supportes-tu comme grand-mère ?

Tu as ta mère – on joue en alternance, elle et moi –, comment vit-on cette reprise de rôle, quand on est spectateur ?

Tu juges ?

Tu compares ?

Tu tempêtes, mais poli, tu ne dis rien… après tout, tu as le droit de ne pas tout aimer de ce jeu, pas mis en scène par toi, pas écrit par toi.

Tu ferais bien des retouches, des petits changements mais bien sûr, je te connais, tu n'oserais pas.

Tu t'en accommodes ? Merci.

On n'en saura jamais rien.

Tu sais, je fais de mon mieux, du moins, j'essaie !

Je les aime tant !

Ils te ressemblent !

Troisième acte

Jane Fonda ne dit pas « troisième âge » mais « troisième acte » !

Comme c'est joli, quelle belle idée.

Oui, on joue le troisième acte de sa vie et ce n'est plus que comédie.

Enfin, pas pour tout le monde, hélas !

Belle surprise, on me propose pour la première fois, un rôle de grand-mère.

Je ne sais pas encore si je suis prête !

À la ville, j'ai, enfin, endossé le costume.

Je l'ai fait à ma mesure, il me convient, il me va bien, je l'aime. Mais à la scène ?

Aurais-je l'envie, le courage, le talent ?

Troisième acte, elle a raison, Jane Fonda, c'est le dernier. Tout va bien, courage.

J'ai bien répété, les enfants sont encore si petits, je peux la jouer cette grand-mère.

Saluts, applaudissements, bravos.

Et pourquoi pas, au quatrième acte, en comédie musicale avec toutes mes copines !

Aux petits bonheurs

Il y a les rires excités sur les manèges qui font peur, les yeux plein d'attente au rayon des Playmobil,

les petits corps qui grimpent sur la grande araignée du jardin du Luxembourg,

les glaces qui coulent sur les tee-shirts blancs et les regards assombris qu'on éclaire d'un « c'est pas grave mon chéri ».

Il y a les mots d'enfant adorables qui vous font battre le cœur :

— Et toi, ma chérie, qu'est-ce qui s'est passé pendant ces huit jours où l'on ne s'est pas vues ?

— Rien de drôle, Agathe, tu n'étais pas là !

Merci pour ces jolis mots, mon bel amour.

Et merci aux petites filles, qui, dans l'allée qui mène au cours de danse, criaient en venant vers nous :

— Venez, il y a la maman de Madeleine !

Whaooo, quelle belle journée !

La maman de Madeleine… J'ai bien fait de mettre ma robe de patineuse et mes socquettes à pois !

Grand jeté, pas chassés, petits pas… je suis heureuse.

Je suis sa grand-mère !

Super, trop bien !

À mon fils

Et toi, mon fils, que penses-tu de moi, grand-mère ? Un fils, une mère, c'est une relation réservée, pudique, délicate.

Alors, face à cette mutation de mère à grand-mère, qu'as-tu ressenti ?

As-tu été troublé, inquiet, jaloux de cette nouvelle intimité, de cette possessivité qui imposait ces deux petits nouveaux, ces gentils envahisseurs dans notre aire de jeux ?

As-tu eu peur de ne plus être le chéri de ma vie de mère ?

Tu savais me partager avec ta sœur, mais as-tu eu peur d'être dépossédé de cette maman-enfant qui pouvait jouer au GI Joe et croire encore au Père Noël, aux œufs de Pâques et au « tout s'arrange toujours » ?

Toi, je ne t'ai jamais demandé ce que tu éprouvais et je suis prise d'un doute affreux.

As-tu souffert de ce que tu aurais pu prendre pour un abandon ?

T'ai-je fait de la peine ?

Ai-je été moins attentive à toi, à tes soucis d'adulte, accaparée par les poupées et la dînette ?

J'ai peur.

Rassure-moi vite.

Non, je ne peux pas l'imaginer, je me fais de mauvaises idées, il est tard et la nuit me rend paranoïaque !

Demain, tu liras cette lettre, tu me diras en aboyant que je me suis trompée et que tu n'attends plus qu'une chose…

Devine !

À mes stars

Et vous Catherine Deneuve, Simone Weil, Charlotte Rampling et Jane Birkin, quelles grands-mères êtes-vous ?

Discrètes oui, mais à la maison, dans vos jolies maisons,

Êtes-vous sévères ? joueuses ? joyeuses ?

Racontez-vous des histoires avec vos jolies voix ?

Enjolivez-vous vos petits-enfants avec vos si jolis sourires ?

Les émerveillez-vous avec votre charisme universel ?

Rejouez-vous Cannes et son tapis rouge pour les amuser ?

Faites-vous des crêpes, des beignets aux pommes ou peut-être même des cakes d'amour ?

Que je suis curieuse, intriguée.

Que j'aimerais être une petite souris, cachée pour vous voir, intimes, fragiles, humaines, avec vos petits blonds et petites brunes.

Je vous imagine et cela me rassure.

Vous restez si belles, si divines, si rayonnantes…

Donc, l'un n'empêche pas l'autre !

L'enfant regarde sa grand-mère star.

Clic Clac.

La photo est bonne.

Vous êtes toujours Catherine Deneuve, Simone Weil, Charlotte Rampling, Jane Birkin.

Bravo, Bravo… Hourra !

Je vous aime !

Lettre pleine de sagesse

J'ai, maintenant, plus de temps pour regarder les autres.

Ce temps est un luxe précieux.

Dans un endroit joli où j'aime bien déjeuner le mercredi midi, avec Madeleine et Robinson, j'observe le tête-à-tête attendrissant des grands-mères avec un ou deux enfants. Des adolescents, et cela m'attendrit, me bouleverse presque.

Il y a quelque chose de doux, d'impalpable, de calme.

Dans ce même lieu, la mère et la fille sont en cuisine et à l'accueil.

Leur fille et petite-fille trottine entre les tables – jolie réplique.

C'est le symbole même de ce que je n'ai pas pu vivre mais que j'essaie d'inventer avec les miens.

La Famille.

Aux grands-pères

Et vous, grands-pères que je ne connais pas.

Vous, les ex-jeunes premiers de ma jeunesse, comment vivez-vous votre promotion ?

Vous êtes un peu absents, un peu ailleurs, quand je vous croise dans la rue, un peu perdus.

Comment arrivez-vous à résister à la « gâtification », au ridicule ?

Pour vous aussi, ce doit être un peu difficile parfois, de ne plus être le conquérant, le chef !

Que pensez-vous ?

Qu'éprouvez-vous ?

Je vous aime pour votre sagesse et votre attention que je sens responsable quand, dans la rue, vous poussez le carrosse de l'héritier, le journal du jour dépassant de votre poche et le regard tourné vers un avenir vide de projets.

Grand-père !

Vous restez pourtant un peu distant, un peu docte, malgré ce nouveau sobriquet qui vous correspond si peu !

Vous savez d'une façon innée comment faire le passeur de savoir, les champignons, la pêche, les timbres, le vélo, les échecs, le ski, la musique.

Vous êtes porteur d'un message que nous, les grands-mères, nous avons peut-être un peu oublié ! Un message de transmission tendre ou érudit.

Bravo papy, tu es le meilleur !

Lettre fourre-tout

Ah oui, après les Duplo, les Playmo, les Lego sont entrés dans ma vie.

Non seulement tout cela coûte une fortune, mais en plus, c'est un casse-tête humiliant pour ma sénilité naissante !

Impossible d'assembler ces minuscules petits morceaux de plastique colorés sans les conseils judicieux des 1,02 m de vivacité et malignité de ma petite-fille !

Elle a tout compris, moi je patauge…

Mais, miracle, grâce à elle, je joue aux Lego friends, mieux que n'importe qui et j'attends un bon bulletin trimestriel pour m'acheter la grosse boîte des 7/10 ans avec deux figurines, pour me récompenser.

S'il y a un concours, genre châteaux de sable à La Baule, je m'inscris, je suis prête, je suis bonne et je m'amuse bien !

Vous, connaissez-vous les Lego friends ?

Il y a des figurines.

Et en plus, après, on peut inventer des histoires sans fin. Le rêve…

On peut même y raconter des histoires de grands-mères et de petites-filles !

« Allez Agathe, tu viens, on joue ! »

Bizarre, bizarre

Quand j'ai déjeuné avec mon amie Zana et sa petite Jeanne, ce fut étrange.

Elle me connaît comme une comédienne, et pour moi, elle est la directrice d'un très beau théâtre parisien.

Dans ce petit salon de thé « coffee shop » du IXe arrondissement, nous étions comme mises à nu, juste deux femmes attentives, attendries par la rencontre de nos deux petites-filles qui nous exposaient au plus tendre de nous-mêmes. Sans fard, sans effet, sans composition, ni mondaine ni intellectuelle.

Nous étions deux femmes un peu intimidées devant nos croque-monsieur et nos crumbles aux pommes.

C'était comme un flottement poétique, que cette parenthèse inattendue, dans nos vies encore actives.

J'ai eu ce même sentiment, au square avec mon amie Évelyne, si féminine, si séductrice, si séduisante. Tout à coup, devant sa petite-fille de 18 mois, elle devenait inquiète et terriblement touchante avec sa boîte Tupperware, remplie de petits sablés en forme de cœur.

La représentation n'existait plus, il n'y avait qu'une très jolie grand-mère, possédée, envoûtée par une petite poupée, et plus rien ne comptait. Elles se donnaient la réplique avec talent.

C'était pour moi fascinant, j'avais envie d'applaudir ce bel abandon.

J'avais envie de partir sur la pointe des pieds pour respecter leur tête-à-tête.

J'étais spectatrice et la pièce se jouait à huis clos !

Lettre de petite colère

Il y a, et c'est scandaleux, la grand-mère bouche-trou, celle qu'on appelle au dernier moment parce qu'elle dépanne...

« SOS grand-mère », « Allô mémé » !

On n'a personne pour les enfants aujourd'hui, s'ils pouvaient dormir chez toi !

Contente mémé ?

Et la grand-mère qu'on décommande au dernier moment : « Vous comprenez mamie, elle a un goûter d'anniversaire après son cours de danse. »

Bien sûr qu'elle comprend mamie, elle se réjouit même pour sa petite-fille qui aura un si joli mercredi après-midi.

Mamie a mangé tous les gâteaux cupcake et dégonflé les jolis ballons qui décoraient la maison, elle n'ira pas voir *Vice versa* au cinéma.

Tant pis, un peu déçue, elle attendra mercredi prochain.

Au secours !

Je n'ai jamais été cette grand-mère-là, j'ai de la chance, merci les enfants !

Mais je souffre pour elles, les « décommandées », petites déceptions, petits chagrins, gros regrets.

Elle avait mis son sourire du mercredi, son sourire des jours de fête.

Elle le range ce sourire-là, si particulier, jusqu'à la semaine prochaine.

C'est la grand-mère « bouche-trou », le mot est bien vilain, mais le manque d'attention ne l'est pas moins.

Stop, respectons la sensibilité des grands-mères !

À la reine d'Angleterre

Quelle grand-mère êtes-vous ?

Coquette, certainement. Vous devez sentir le muguet et le lilas, et je vous imagine mal en jogging et charentaises.

Distante peut-être, vous êtes victime de votre éducation ; Queen Mum était sévère, mais vous avez sans doute le rire facile et je vous devine attentive et proche de ces petits souverains en puissance.

Vous n'avez pas eu le temps d'être mère, mais je me plais à penser qu'à Balmoral, le week-end, vous partagez les jeux de société entre thés, scones et sandwichs au concombre, devant un feu de bois.

Le Monopoly royal doit éventuellement vous distraire et le Scrabble vous ennuyer un peu.

Vous devez évoquer vos exploits équestres et si moi, j'ai la danse en partage, vous, vous avez les poneys.

À écrire cette lettre, je me sens bien proche de vous.

Si vous avez un peu de temps, voyons-nous chez vous ; j'aime bien Buckingham, c'est central, je ne sais pas pourquoi, mais je sens que nous aurons des choses à nous dire.

Vous avez un peu d'avance sur moi, vous êtes arrière-grand-mère.

Vous appelle-t-on *granny* ? ou *mummy queen* ?

So long Elisabeth.

À mon psy

Est-ce bien normal, docteur, cette superposition avec mon moi enfant, que je revis à travers elle ?

Cette conscience aiguë de ce qu'elle est, ce qu'elle pense, ce qu'elle éprouve.

Je me glisse en elle ou elle en moi et nous ne faisons qu'une même petite fille.

J'éprouve ses joies, ses peines, ses petits chagrins. J'ai le temps et l'amour pour cela, j'ai la chance de les éprouver, naturellement, tout simplement, comme une évidence.

Mais alors, docteur, il y a aussi – est-ce bien nor mal ? – le tout gris, le jeudi, vendredi, samedi... quand je ne suis plus avec mon double.

— Et toi, Mamie, tu pleures ?

— Parfois...

— Et ton cœur, il dit quoi ?

— Rien, il t'attend, et je vis ailleurs. Quand je vais te voir, je m'habille joli, je me maquille jolie. Je me prépare pour toi. C'est notre rendez-vous, je dois le mériter ; j'y accorde de l'attention et je te souris.

C'est grave, docteur ?

Petits-enfants, puisque petits-enfants il y a, j'ai juste envie de vous rendre heureux, de vous faire plaisir, d'être comme un Père Noël à l'année, organisatrice de l'extra-quotidien, d'apporter cette touche givrée de fantaisie, de gaieté, de légèreté qui embellit la vie.

Alors oui, si je peux inventer les petits bonheurs à la petite semaine, je veux bien, encore et encore, être grand-mère.

Tout va bien, docteur, j'ai trouvé ma place.

À Henri

À toi, le père de mes enfants.

Toi qui m'as tant manqué quand cette première petite-fille est née, toi à qui j'ai écrit ce jour-là, c'était peut-être, sans doute, un appel au secours, j'avais besoin de nous deux ce jour-là, besoin de partager avec toi – le père, le grand-père, l'étrangeté de cette joie mêlée de nostalgie.

Je te revoyais avec notre fille – si jolie petite fille dans les bras, ta tendresse et ta douceur, tes attentions délicates pour elle, ta patience.

Je pensais à ton émoi, à ta douleur peut-être, à cette même solitude que je ressentais ce 10 novembre-là.

Avec qui d'autre partager ce moment unique ? notre fille, notre petite fille, maman !

Tous derrière, tous derrière et elle, devant. Petit cheval blanc à son tour.

Je sais que toi aussi, on t'a affublé d'un sobriquet pour bien montrer que tu es le grand-père, toi aussi, tu fais la sortie de l'école, de la crèche, tu fais pizza-glaces le midi et McDo, les jours de fête.

Je t'imagine et tu me manques.

Papy gâteau ! Toi !

J'aurais aimé partager avec toi ce sport-là, cette audition-là !

Aurions-nous réussi l'examen ?

Aurions-nous été engagés ?

Aurions-nous eu un prix ?

On ne le saura jamais !

Grand-père ? Non, Henri.

P.-S. : L'innocence des enfants a bousculé nos peurs d'adultes et nous regardons de nouveau dans la même direction, la leur. Mon cœur bat mieux, merci Madeleine.

Pétition : Libérons les grands-mères !

Laissons les grands-mères s'exprimer librement. Laissons-les donner des bonbons bien colorés. Laissons permettre tous les interdits :

1 - patauger dans les flaques d'eau
2 - manger le dessert avant la soupe
3 - se coucher à pas d'heure
4 - traîner en pyjama dans le jardin
5 - ne pas mettre ses chaussons dans la maison
6 - manger des saucisses cocktail au petit déjeuner
7 - dormir dans la cabane fabriquée sous la table de la cuisine
8 - laisser la bêtise pointer son nez si elle est sans danger
9 - laisser l'imagination débordante s'exprimer
10 - laissons-les libres !

Libérons les grands-mères, elles ne doivent pas être les otages de leurs propres enfants !

Libérons les grands-mères !

Libérons les grands-mères !

La manifestation ira du jardin du Luxembourg au jardin d'Acclimatation à l'heure du goûter.

Aux anges à cheveux blancs

Et là-haut, toutes mamies confondues, quelle sera l'ambiance ?

Ensemble sur nos bancs du nouveau square *post mortem*, de quoi parlerons-nous ?

D'eux ?

De nous ?

Aurons-nous la sagesse de ne pas faire de surenchère ?

Le meilleur petit-fils et la plus jolie des petites-filles.

Moi, je trouve qu'on devrait juste parler de ce qu'on n'aimait pas trop dans ce métier non rémunéré.

Oui, comme ça, on ne regretterait pas d'avoir laissé tout le monde sans préavis, sans donner son congé !

On se sentirait moins coupable d'avoir lâché la chaîne : papa, maman, enfants, mémé.

Il y aura, peut-être, les grands-mères anges qui m'attendront pour comparer nos connaissances en matière d'ateliers divers.

Nous nous amuserons légères, insouciantes, protectrices les unes envers les autres.

Peut-être que nous vous verrons, petits chéris d'en bas, et alors nous vous enverrons, via les étoiles, les nuages, les beaux couchers de soleil, les orages, notre force, et toute notre immatérialité vous enveloppera de cet amour éternel, le nôtre !

Alléluia !

À moi-même, apaisée, heureuse

Je suis dans ma cuisine et c'est le matin.

J'ai rendez-vous avec vous, amies inconnues,

j'ai rendez-vous avec moi aussi,

et je suis heureuse d'être l'Agathe de Madeleine et Robinson.

Quelle chance j'ai !

J'ai dans ma tête, dans mon cœur, ces images de vous qui m'accompagnent et éclairent les moments gris de ma vie.

C'est un trésor inouï d'avoir cette lumière en permanence, comme une grâce infinie qui m'habite.

C'est, j'en suis bien consciente, un grand privilège que de penser à vous, et de vous porter en moi comme une sorte de maternité tardive et secrète.

Vous êtes mon secret et ma joie.

Je marche, je travaille, je danse, je cuisine et vous êtes en moi comme deux anges qui me protègent et me font m'envoler dans ce monde merveilleux de l'enfance.

Grâce à vous, je peux, sans réticence et sans honte, laisser mon imagination vivre librement ce nouveau moment de ma vie.

J'ai trouvé ma place, mes plaisirs et mon équilibre !

Ouf, ce n'était pas gagné !

Je suis sur le podium et j'ai la médaille d'or autour du cou.

Madame

Nous ne nous connaissons pas, ou presque pas. Vous n'êtes pas une amie, vous auriez pu l'être et pourtant, je crois que nous ne pourrions pas bien nous comprendre. Nous sommes trop différentes, trop éloignées l'une de l'autre, pour que j'aie l'envie de vous connaître mieux.

« Grand-mère, je rêvais d'être grand-mère, me dites-vous, ces petites-filles – vous en avez deux – je les adore, mais c'est moi qui décide quand je veux les voir. Je ne veux rien changer à ma vie, je ne suis pas une nounou, je veux les voir, je les demande. Mais en aucun cas, je ne veux en dépendre. »

Je ne sais pas pourquoi le ton plus encore que le propos m'a glacée.

Pourtant c'est normal, ce ne sont pas vos enfants, vous ne voulez aucune contrainte.

Je le comprends, alors qu'est-ce que c'est cette grande envie d'être grand-mère ?

Une convention sociale, un besoin de transmettre le nom, une envie de normalité ?

Vous êtes de la famille des Chics…

Ouf.
Moi pas.
Alors… nous n’aurions rien à nous dire.
Chic !
Ouf !
Au revoir madame.

À l'acheteuse que j'étais

Avant,
Avant eux,

Avant le passage à la grande personne que je suis devenue,

J'aimais acheter, selon les jours, argentée ou fauchée, les petits riens qui faisaient le plaisir et la fête des jours gris.

Un rien, un trop, une folie, ou un panier à salade.

Maintenant, où que je sois, province, Paris, marché, grande surface, Marseille, Londres ou Florence, mon œil exercé cherche ce qui va leur faire plaisir.

Le souvenir boule de neige tour de Pise incluse, le Pinocchio en bois, le *Horse Guard* en bonnet à poils.

J'ai remplacé les porcelaines de chez Harrods par des tirelires en forme de boîte aux lettres rouge.

Je m'oublie, je me ruine,

C'est normal,

C'est pour eux.

Moi, je n'ai plus besoin de rien.

J'imagine leur sourire, et je pianote, légère, le code de ma carte à sous.

Et moi ?
Non merci,
Je n'ai besoin de rien.
J'ai tout,
Je les ai !
Un paquet cadeau, s'il vous plaît !
Merci madame.

Abécédaire à l'usage des futures grands-mères

Amour-amour-amour
Bébé-biberons-bavouillis-bavoir
Couches-câlins-caresses-caca
Doudou-dent-dodo
Émotion
Fifille-fée
Gâteau-gâteuse
Histoire à raconter
Isabelle-Isidore-Itaque-Isis
Joujou-joli-jouer
KO après deux nuits sans sommeil
Lolo-Lili-Lulu-Loulou
Mamie-mémé-mémère
Nounours
Oreillons
Pipi-patatras-poum
À la queue leu leu
Rototo-risette
Sucette
Tétine-totote
Urgence

Vroum-vroum
Wagon (pour partir à la montagne)
Xanax
Yeux bleus-verts-marron
Zozotement

Chère jeune amie

Hier, vous si jeune, si proche encore de l'étudiante que j'ai connue adolescente, vous m'annoncez un peu rieuse, un peu anxieuse que vous allez être grand-mère !

Vos si jolis yeux bleus se voilent d'un peu de nostalgie et d'incrédulité.

— Grand-mère, vous ?

— Oui, par procuration, par amour.

Votre conjoint, un peu plus « grand » que vous, a lui une fille qui va, à son tour, devenir mère et faire de vous, sa belle-mère, une belle grand-mère !

On vous prendra, sans doute, pour la mère de cette enfant que vous promènerez avec la vôtre. Deux ans d'écart pour jouer au jeu des « qui est qui » !

Plus tard, adolescentes, elles s'en amuseront !

Vous aussi, vous mystifierez les curieux et ce sera un joyeux pied de nez aux conventions !

« Aimez-vous les uns les autres »

Et voilà le résultat !

Lettre pleine de doutes

Et si je m'étais trompée, si j'avais mal jugé ou trop jugé toutes ces femmes qui aiment sans égoïsme, sans autre but que de vouloir apporter un peu d'amour en plus, un peu de bonbons, de gâteaux, sans se projeter dans un avenir où elles n'ont qu'une place limitée.

Si je n'avais pas bien compris cet enjeu qui n'en est pas un.

S'il m'avait échappé que « grand-mère », c'est accepter, s'accepter aussi, dans une tâche un peu secrète, un peu dans l'ombre.

Être un peu en retrait des autres et de soi-même.

C'est aussi une leçon d'humilité et de modestie.

Et voilà, j'ai cherché un sens à tout ce grand chambardement et là, en vous écrivant ces lettres toutes simples, j'ai peut-être trouvé la réponse à mes craintes, à mes envies, à mes refus.

Je me suis acceptée dans un rôle que ni Molière ni Marivaux n'avaient écrit pour moi.

J'en cherche, chaque jour, les ressorts et les subtilités.

Je cherche les nuances, les écueils, les effets, les rires voire les larmes, et cet apprentissage par cœur me réjouit chaque fois que j'y trouve une réponse !

Merci la Vie !

Lettre de protestation

On ne peut pas t'appeler grand-mère, tu es trop jeune, Agathe.

Wouah ! la belle journée !

Mais je ne m'étais pas trompée, « grand-mère », c'est bien le logo emblématique de la vieillesse !

Alors, on se pousse encore et encore, pour faire comme si,

Un pas en avant,

Pas de pas en arrière s'il vous plaît !

Hier, c'était la fête des Grands-mères.

Alors là, c'est non, non et non.

Il ne faut pas exagérer quand même !

Restons discrètes et anonymes,

Pas de drapeau,

Pas de manifestation.

« Restons modestes et fragiles. » Il paraît que c'est ce que la grand-mère d'Ève Ruggiéri disait.

Je trouve cela magnifique, et j'en ferais bien ma devise – si elle m'y autorise !

Lettre pleine de mercis

Merci grâce à vous, grâce à cette nouvelle carrière, j'ai appris à m'émanciper.

Je dis, je fais, je pense comme je veux. Je décide pour moi. Je m'autorise des choix, sans plus me préoccuper de tous les qu'en-dira-t-on.

Ouf ! Quelle liberté, quelle sensation douce et légère !

Merci.

Je m'ouvre sur les autres, sur l'avenir lointain, on se prépare à… à quoi ?

À devenir encore plus « grande », plus…

On est sur la pente, alors on oublie le chasse-neige pour glisser tout schuss vers le paradis. On est sur la piste noire et grand-mère en a été le starting-block.

Elle est gaie cette aventure, il suffit de n'en garder que les beaux côtés.

J'ai deux bâtons qui m'équilibrent et je compte bien prendre beaucoup de remonte-pente avant de ranger mes skis. J'ai mon flocon, mon étoile et j'attends mon chamois d'or !

Tous derrière et moi devant.

À la grand-mère anxieuse

On a le droit, voire le devoir d'être inquiète. Avec raison pour :

Le bain du bébé, il glisse, il vous échappe, il se cogne la tête.

Les vacances au bord d'une piscine – sans commentaire !

Le kidnapping, ils sont si jolis, ces deux enfants blonds, souriants et si gracieux !

Les dents cassées après la chute dans la baignoire.

Le front ouvert, sur le chemin du square, à vélo, en trottinette, à pied, le nez qui saigne et les genoux écorchés.

Les gros chagrins inconsolables.

Le crève-cœur des mercredis-confidences : « Je n'ai pas d'amies », « Les filles à l'école, elles sont méchantes avec moi ».

Et pire que tout : « Je suis toute seule à la récré ! »

Comment faire face à toutes ces horreurs-là ?

Help ! Au secours !

À la grand-mère d'Ève Ruggiéri

C'était un doux matin de juin, j'avais rendez-vous avec Ève pour parler de vous, simplement, exclusivement de vous.

Ève, votre petite-fille, m'a reçue, joyeuse, élégante, disponible pour évoquer les magnifiques souvenirs de son enfance, illuminée, embellie, magnifiée par vous, grand-mère d'Ève.

Elle n'a pas caché, bien que nous ne nous connaissions que très peu, combien elle était émue en pensant, souvent, si souvent à vous.

Sa voix, très célèbre savez-vous, était douce, émouvante, et vous étiez, vous la grand-mère de Limoges, assise avec nous, dans ce très joli salon parisien.

Elle vous aimait.

Elle vous aime tant.

Elle, la conteuse d'histoires, m'a raconté son enfance près de vous qui l'avez élevée jusqu'à ses 11 ans.

Les dimanches enchanteurs, le quotidien des jours de la semaine où la lecture et le goût du bonheur lui ont été, non pas enseignés, mais offerts en cadeau.

C'est cette joie, cette bonne humeur, cet appétit de la vie qui l'on faite, elle, femme généreuse, passionnée, passionnante, cultivée, curieuse.

Elle vous doit tout, dit-elle.

Musicienne, pianiste, historienne, conteuse, c'est à vous encore et encore qu'elle rend l'hommage le plus tendre, le plus bouleversant.

Au-delà des mots, c'est votre âme qui l'habite.

Et avec délicatesse, elle raconte le merveilleux de votre divine relation.

Elle est encore habitée par ces heureux souvenirs.

Les paniers de friandises aux fêtes de Pâques, les surprises, les petits bonheurs inattendus.

Elle est encore subjuguée par ce courage qui lui a sauvé la vie en des temps difficiles.

C'est grâce à vous, grand-mère solaire, qu'elle est devenue la femme qu'elle est aujourd'hui, une femme qui aime la vie et qui partage ce qu'elle a reçu en héritage.

Le don du bonheur, peut-être.

« Si cela te fait plaisir, cela fait plaisir au bon Dieu. »

Quelle belle maxime pour un enfant.

Adieu la culpabilité judéo-chrétienne !

Grand-mère d'Ève, j'aimerais tant vous ressembler !

À vous qui m'avez accompagnée
dans cette croisade

Au terme de cette petite correspondance entre aimés, entre amies, j'ai enfin compris pourquoi je rejette le mot « grand-mère ».

Grand-mère, pour moi, c'est une dame qui ouvre la porte de l'autre versant de la vie, et c'est irréversible ; c'est le début, même si on se le cache, du déclin, c'est le flambeau que l'on passe et qui lentement s'éteint pour soi-même, c'est la flamme olympique qui nous échappe.

C'est au jour le jour, sournoisement selon les matins, les moments où l'on prend conscience qu'on n'est pas invincible comme on le croyait, ni immortelle.

Ce n'est plus « tout devant », c'est déjà « un peu derrière ». Ce sont les « non-dits », les faiblesses qu'on veut occulter, les défaillances qu'on veut ignorer coûte que coûte, mais c'est indéniablement le début, oh ! le vilain mot, le début de la vieillesse.

Allons, marchons, marchons, tout n'est pas si noir…

Il y a grâce à eux la dînette, les déguisements, le fouillis, les miettes par terre, le salon défiguré, transformé en campement, le jardin bousculé, mais demain, ils repartent chez papa-maman, la vie va redevenir banale, bancale… alors oui, au regard de cette solitude dans laquelle ils me laissent, j'aime être cette dame-là !

Petite mère – comme ces étoiles qui guident les petites danseuses sur le chemin de l'apprentissage – serait plus joli quand même. Non ?

À ma précieuse voisine

Vous, qui m'avez accompagnée dans cette mise en scène de mon nouveau rôle,

Vous, qui avez été la sage-femme de ce bébé tardif,

Vous, qui avez lu, la première, la seule, ce que mon cœur pensait,

Vous, qui n'avez porté aucun jugement, qui m'avez donné confiance,

Vous qui m'avez permis d'aller plus loin dans l'introspection narcissique de mon petit personnage !

Merci, vous avez dit les mots que j'attendais, avec délicatesse, vous avez corrigé les maladresses,

Vous m'avez portée quand vous parliez des émotions de vos parents qui vous ont peut-être échappé et que mes petites lettres ont mises en lumière.

Votre humour, votre nouvelle amitié, ont fait de ce moment partagé une parenthèse enchantée dans la grisaille de l'hiver.

Merci, vous êtes au cœur de mon intimité, et votre discrétion pudique fait que jamais je ne me sens gênée quand je vous croise dans l'ascenseur !

Vous avez été précieuse, plus que vous ne le pensez.

Je pourrais être votre mère et la grand-mère de vos filles !

Mais si vous le voulez bien, je préfère être pour longtemps votre amie.

Tu viens Amie, on écrit !

Un jour, vous ne serez plus mes compagnons du mercredi, un peu absents, un peu lointains, vous serez adolescents – un peu présents quand même au téléphone, par plaisir ? par devoir ? Qu'importe, cela ne me regardera pas.

On ira un peu au musée, un peu en balade, nous ferons quelques achats, et tout cela occupera joliment notre nouvelle vie commune.

Vous ferez un voyage avec moi, peut-être un autre et un autre.

Mais la vie, les copains vous attireront ailleurs et c'est ainsi que petit à petit, notre nouvelle relation s'installera.

Vous ne dépendrez plus de moi et de ma mini-voiture usée et…

C'est peut-être moi qui dépendrai de vous.

Je parlerai votre langage, je mémoriserai, j'espère, les noms de vos nouveaux amis.

Je ferai « Wahooooo » à chaque nouvelle tenue qui me rappellera l'audace de mes 20 ans.

Je couperai mes cheveux, je m'habillerai en noir ou blanc, l'été,
Je serai élégante pour que vous soyez fière de moi.
Vous pourrez vous moquer de moi, gentiment,
J'arrêterai le vélo, le skate et le ski,
Je ne dépasserai plus les limites à ne pas franchir.
Je serai indigne mais présentable et surtout,
Je serai là pour vous,
Toujours là, pour vous écouter, vous écouter, vous écouter.

Allô, mémé, bobo !

Cher Victor Hugo

Vous ne m'en voudrez pas, j'espère, si je fais ma « copieuse » en pillant dans votre *Art d'être grand-père* l'idée d'un titre pour ce modeste recueil de lettres qui m'a guérie de cette grand-mère-mania qui m'envahissait !

Merci d'avoir été le grand-père de Georges et Jeanne.

Merci d'avoir été un maître – Le Maître.

Merci pour votre délicatesse, votre amour, votre attention bienveillante, votre poésie, votre belle tête barbue penchée sur les berceaux et l'émotion que vous faites naître en nous en caressant de vos mots, ces jolies têtes endormies.

Merci monsieur Hugo.

Vous avez été près de moi, tout le temps.

Tous ces matins, dans ma cuisine quand j'essayais de mettre des mots sur les émotions qui m'envahissaient.

Merci d'avoir été, malgré vous, mon « petit père » comme les petits rats de l'Opéra ont une « petite mère » pour leur montrer le chemin des étoiles !

Merci d'avoir été si paternel, merci de m'avoir aidée à comprendre que l'amour renverse tous les obstacles, toutes les peurs.

Merci, grâce à vous j'ai grandi, enfin ! et en dépit de tous, de tout, j'ai apprivoisé, comme j'ai pu, l'art d'être grand-mère !

J'envie votre Juliette.

Moi, je m'appelle Agathe.

À toi, mon mari

Il y a aussi le questionnement intime,
Il pense quoi, le monsieur avec qui je vis ?

Le monsieur, qui n'est pas le vrai grand-père.

Il pense quoi, quand il me voit hirsute, hagarde, débordée entre les couches à changer, les biberons lentement bus, les petits pots refusés ?

Carottes : non.

Artichauts : non.

Veau petits pois : non.

Il pense quoi, quand il me voit déguisée en Prince Charmant à moustaches dès 7 heures du matin, faisant la cour à ma princesse de légende – 60 centimètres, pieds nus, en tutu rose, couronne dorée ?

Il pense quoi de cette dame qui ne me ressemble plus ?

Adieu, la pomponnée, la séduisante, le temps d'un week-end et la moitié des vacances scolaires.

Et le monsieur-mari, de penser tout bas : « Où estelle ma femme ? Où est celle qui, il n'y a pas si longtemps, jouait les jeunes mariées ? Comment a-t-elle franchi ce Rubicon ? »

Grand-mère, ce n'est pas seulement un état de fait, c'est aussi un grand bouleversement, la remise en équilibre d'un château branlant (moi), qu'on arrivait tant bien que mal à faire tenir debout, malgré les intempéries et l'usure du temps.

Comment organise-t-elle sa mise en scène de grand-mère qui court encore danser dans ses chaussons roses, le samedi matin ?

Alors, on remet les compteurs à zéro, on admet tous les mots en « ose » et on recompose une nouvelle femme – une grand-mère.

Mais non, mais non,

Je veux rester la même en mieux !

Pour lui, parce que « un mari, c'est un mari ».

Alors comment lui trouver une place privilégiée dans ce huis clos à trois, dans cette bulle magique où, quand on la secoue, se mélangent l'enfance, le jeu, les bêtises et le rêve ?

L'équilibre est difficile à trouver. Il faut être vigilante, sinon c'est vite la pagaille !

C'est aussi le charme des familles recomposées, des vies parallèles, un art délicat, subtil, on en devient l'ambassadrice, plus ou moins douée !

On vous livre le bébé dans le couffin mais le mode d'emploi pour le grand-père par alliance n'est pas fourni avec le cadeau !

Alors, tu viens, mon mari… on improvise ?

Aux futures grands-mères

Quand on vous pose la question : « Et toi ? tu as envie d'être grand-mère ? »

Vous êtes déjà palpitantes, en transe, disant combien vous avez hâte !

Pourquoi ?

Il y a aussi les réponses touchantes qui vont droit au cœur : « J'ai eu une grand-mère si formidable, j'ai envie d'être comme elle. » Ou : « Ça m'apportera une joie que je n'ai pas connue, je n'ai pas été une mère très présente, alors je pense être une grand-mère passionnée. »

Il y a ce besoin de continuer le cycle de la vie, il y a l'espoir.

Il y a, aussi peut-être, un peu d'égoïsme.

On se voit déjà la reine de la ruche avec, autour de soi, tout son petit monde bourdonnant.

Non là, j'exagère, il y a juste l'amour, aussi, qu'on a encore et encore à donner et qu'on empaquette joliment dans ce nouveau projet couleur layette.

Grand-mère, c'est aussi aimer encore mieux peut-être, encore plus joliment, c'est tracer la piste en terrain vierge.

Tous derrière, tous derrière… et moi devant !

À vous toutes

Il y a les grands-mères perdues au rayon des jouets, Playmo-Duplo-Lego-Lego-friends, que choisir sans se tromper, sans les tromper ?

Enfants chéris !

Il y a les grands-mères qui fondent comme du chocolat au soleil.

Il y a les grands-mères jamais contentes, ronchons.

Il y a les grands-mères qui ne parlent plus que de leur précieuse descendance, et dont le seul statut social désormais est d'être grand-mère !

Et puis, il y a celles qui refusent d'être prises en otage, à Montreuil, Asnières ou Montmorency, sous prétexte de grève des instituteurs le mardi après-midi, alors que justement elles avaient cours de yoga !

Il y a la grand-mère jeune-jeune en jogging rose bonbon.

La grand-mère en sabots suédois qui porte l'enfant-roi sur ses épaules comme une vierge espagnole, un jour de feria.

Il y a la grand-mère bricolo-écolo qui récupère tout : les coquilles de noix, les bogues de marron en automne, les vieux rouleaux de papier, les emballages en Néoprène, les vieilles bouteilles… Tout peut servir à construire un château, une maison de poupée, un bateau ! Un rêve !

Il y a la grand-mère « je sais tout », et celles qui ne parlent que de leurs petits prodiges : les bons mots, les maladies, les trophées gagnés au ski, au judo, au piano, à la danse…

Olé, fières les mamies !

Chers intermittents de mon cœur

Un jour, je le sais (le cœur un peu meurtri d'avance), vous ne serez plus au rendez-vous hebdomadaire.

Vous serez ailleurs, sport, copains, voyages, études.

Je deviendrai la gardienne de votre enfance, et vous, les intermittents de ma vie.

Les téléphones portables, les tablettes intuitives, faciles, pour les neurones du troisième âge, seront notre prochain jardin d'acclimatation.

Tant mieux, j'ai bien fait d'accepter l'ordinateur comme nouvel ami – je l'appelle mon « gogole » !

Je pense à vos futures absences et je profite de chaque seconde passée avec vous.

Je me remplis de ces moments de grâce et je tricote une grande écharpe bien chaude qui adoucira ma future solitude.

Il y aura, sans doute, les voyages pour nous réunir, et le Larzac et le Kerala seront nos terrains de jeu.

J'ai acheté une grosse tirelire, et ensemble nous casserons le cochon rose pour fêter mes 80 ans !

Fêter ?

Je marche, je danse, je prépare dans mon corps et dans ma tête nos futures escapades !

Je vous attends, le temps ne passera pas sans nous !

Allez, Agathe, on s'envole !

Lettre de réconciliation

Hier, j'étais à l'Opéra, avec toi, petite fille en tutu noir.

Et là, miracle, tout plein de grands-mères dans la salle, accompagnées de petites filles en rose et bleu, haut chignon et pieds en dehors.

Joli maintien, jolies grands-mères, dos droit, souriantes, joyeuses, attentives à leurs futures étoiles !

Elles étaient comme j'aime, pas jeunes, pas vieilles, amusées, curieuses, heureuses de ce moment de grâce et de beauté.

Je les ai aimées, toutes.

On jouait enfin dans la même cour de récréation.

Elles me plaisaient tellement, j'avais envie de les embrasser et de les prendre dans mes bras entre deux pirouettes !

Dans le miroir de leurs yeux, je me voyais comme j'avais envie d'être, grand-mère certes, mais à la bonne place.

J'irai plus souvent à l'Opéra. C'est l'endroit des grands-mères heureuses !

Merci, merci d'exister un peu partout.

Donc, à moi de bien chercher.
Je vais aimer mes semblables.
Pas chassé,
Arabesques,
Équilibre,
Et, révérence !

Aux petits-enfants

Et vous, quels souvenirs garderez-vous de ces années où je me pensais importante pour vos petites vies que je voulais si heureuses ?

Que direz-vous de moi à 20 ans ? à 30 ans ? à 70 ans ?

Comment rester votre lumière, votre lampion de fête ?

Comment être une étoile filante rayonnante qui serait un petit coin de ciel bleu dans toute cette longue route à venir ?

Ai-je été à la hauteur ?

Ai-je su toucher vos âmes, vos cœurs, votre imaginaire ?

Ai-je su bien vous comprendre, vous aimer, vous accompagner ?

Que pensez-vous de moi ?

Que pensez-vous quand on vous dit « vous allez passer le week-end, les vacances, une soirée chez Agathe » ?

Que se passe-t-il dans vos petites têtes ?

Quelles sont vos attentes, vos désirs, vos déceptions ?

Que de mystères pour moi.

C'est un peu bizarre, on se connaît si bien, pourtant nos émotions sont parfois bien différentes.

Plus tard, vous serez père, mère, grand-père, grand-mère, et là, voguerons-nous sur la même gondole, celle du souvenir ?

Que penserez-vous ?

Pensez à moi,

Je vous ai tant aimés.

Prépilogue

Non, je ne suis pas fâchée quand vous me réveillez à 7 heures le matin avec un joyeux : « Agathe ! Pipi ! »

Non, je ne suis pas fâchée quand vous insistez lourdement pour avoir un dessin animé avec votre petit déjeuner : « S'il te plaît, Agathe. »

Non, je ne suis pas fâchée quand vous mettez par terre ma jolie collection de jouets débiles de femme immature que je suis.

Non, je ne suis pas fâchée quand ils sont un peu cassés voire tout cassés !

Non, je ne suis pas fâchée quand je fais une heure de voiture pour vous embrasser et que, pas de chance, vous êtes en mode « indifférent ».

Non, je ne suis pas fâchée quand vous hurlez dans un grand magasin très chic, très bobo, pour une patinette que j'ai refusé d'acheter et que tout le VIe arrondissement nous regarde comme si j'étais la Cruella des *101 Dalmatiens.*

Je suis juste un peu fâchée, quand même, quand

vous ne dites pas bonjour gentiment à la dame, au monsieur, à Jean-Pierre.

Je suis juste un peu fâchée, quand même, quand vous décapitez les fleurs du jardin.

Vous pouvez, petits chéris, mélanger tous les sables du monde entier, enfermés dans ces petits flacons ; c'était, sans doute, pour vous que j'ai fait cette jolie collection.

J'ai votre âge et je vous comprends.

Le plus beau compliment que tu aies pu me faire, petite fille de 5 ans, c'est de me dire, un jour de grande fâcherie de ta part : « Tu n'es plus ma copine ! »

Chouette ! j'étais donc si proche de toi !

Pour rien au monde, je ne rendrai le rôle.

Ma vie est rythmée, en plus de mon travail, par les vacances scolaires, les bobos, les rhumes, les câlins, les caprices, les Noëls, les rentrées scolaires, les sorties piscine, les gâteaux ratés, les soirées cinéma (assiettes en carton, saucisses-nuggets et frites) à la maison, les vendredis soir.

Merci pour tout.

Je suis sans cesse en éveil, mon imagination est sans relâche en recherche de nouveaux bricolages pour les « ateliers » du matin.

Que faire avec les vieux rouleaux de papier toilette, les coquilles Saint-Jacques fournies vides et propres par Jacques, mon poissonnier pourvoyeur ?

Que faire avec les feuilles mortes, les marrons, les coquillages, la mousse des bois et les plumes de mes poules ?

J'essaie de leur faire une grosse boîte pleine de souvenirs merveilleux, ces souvenirs de grand-mère dont je suis orpheline.

J'ai le temps et l'envie de leur garnir cette hotte de Père Noël, non de Mère Noël, à l'année.

Merci à toi, ma fille chérie, tu m'as donné, peut-être, le plus beau des cadeaux ; la conscience du temps qui passe et comment prendre le train à petite vitesse qui me laisse le loisir et le plaisir de les regarder vivre.

Merci, je suis Margot Fonteyn, « mon prince », et la moustache me va très bien.

« Allez, Agathe, on joue ? »

Épilogue

C'est la fin, enfin pas la vraie !
Juste la fin de ce petit moment passé avec vous.

Je n'ai plus rien à dire, j'ai juste compris un peu tard que grand-mère ou pas, c'est la vie qui l'emporte sur le temps qui passe. Être ou ne pas être grand-mère, la question n'est pas vraiment là.

J'accepte, je ne renonce pas, j'accepte.

Alors, l'année prochaine pour la fête des Grands-mères, je ferai un grand pique-nique sous la pluie, je serai en socquettes, le cœur léger avec vous mes chéris.

On jouera aux Lego friends, aux Sylvanian, aux Duplo, on fera un atelier coquille Saint-Jacques et on collera des boîtes d'œufs en forme de gratte-ciel pour loger les poupées Barbie. On gonflera des ballons roses et bleus, et mon cœur ravi, s'envolera.

J'attendrai le prochain bébé… j'ai le mode d'emploi.

Mémé, même pas peur !

Remerciements

Merci à Madeleine et Robinson mes anges gardiens.

Merci à Philomène et Arnaud pour le beau rôle qu'ils m'ont donné.

Merci à Jessica et Baptiste qui un soir d'été m'ont donné l'audace d'écrire ces petites histoires.

Merci à Anne qui a été la « sage-lectrice » de ce nouveau-né.

Et merci à Mireille qui m'a fait confiance et a accompagné ces premiers pas avec douceur.

Table des matières

Mise en pages PCA
44400 Rezé

Achevé d'imprimer en février 2016
par Dupli-Print à Domont (95)
pour le compte des éditions Calmann-Lévy
31, rue de Fleurus, 75006 Paris

Dépôt légal : février 2016
N° d'édition : 02 - N° d'impression : 2016021813

Imprimé en France